…et l'amour a tout emporté

© 2019 Alice Machado — IntranquÎle
Édition : BoD – Books on Demand,
12/14 rond-point des Champs-Élysées, 75008 Paris.
Impression : BoD - Books on Demand, Norderstedt, Allemagne

Dépôt légal : juillet 2018

Alice Machado

…et l'amour a tout emporté

2e édition

Intranquîle

Pour contacter l'auteur
alice@alicemachado.com
www.alicemachado.com

Illustration de couverture
Gustave Courbet, *Le Bord de mer à Palavas*

Conception graphique
Gilles Arira
www.gilarira.com

© 2019 Alice Machado — IntranquIˆle — Paris
ISBN : 978-2-3221-4509-6

« Traverse les sables des déserts jusqu'à ce que la fin du monde engloutisse les étoiles dans le néant... »

Les Chants de Maldodor,
Lautréamont

Dans les yeux de mon Père

J'ai vécu autrefois, tout embrassée d'Amour, dans les yeux de mon père, verts incertains, parsemés d'encre solaire, j'étais dans son reflet une fille tout entière... fini les tourments, fini les batailles et les guerres et l'ennui, j'étais belle, splendide, je connaissais alors une force infinie et l'image du bonheur adoucissait ma vie.

Mais aujourd'hui, loin des yeux de mon père, même les rêves s'enfuient, je désire mourir... partir, m'élever, suivre sa route, sa lumière dans l'éclat d'un été enfin délivrée..., suivre la Voie...
Loin des yeux de mon père, de leur rivière sacrée où l'on peut entrevoir l'eau vive des déserts, je veux vivre, semblable à l'aube d'un autre jour...
et je lutte contre les nuages du Temps.

Mon père...

Je ne crains pas les désolations, les souffrances, si je reste attachée à vous.
Je porte encore dans la paume de mes mains la vie qui m'est venue de vous, dans le creux d'encre solaire de vos grands yeux, qui pourraient porter en eux toute la poésie du Monde.

Car j'étais pure, j'étais belle et entière, dans une indicible joie, dans ce lac d'innocence, plongée dans vos yeux, lumière verte ou bien bleue, mais seulement dans vos yeux créateurs et majestueux !...

Le soupir des anges

Le ciel aux teintes indicibles, comme une douceur vraiment mystique, paisible, par-delà l'opacité et les jaillissements solaires, laisse transparaître le parfum azuré des anges...
Il me semble voir apparaître devant mes yeux éblouis un étrange paysage des Flandres antiques, à travers les mots, la musique, la peinture impératrice.

Dans toutes ces correspondances, je peux deviner la voix diffuse des poètes, tendre et mélancolique, un enchantement, une mélodie issue de la paresse divine, un voyage dans les terres d'un pays plat, comme un arbre brisé par les vents nordiques, voulant réveiller la plénitude du ciel, bien au-delà des nuages souriants, voltigeant sur un ciel

ombrageux et bleu, un écrin rêvé et féerique, un bouquet enivrant.
Alors, dans le creux de mes mains effarées, je vois tomber évanouis, solitaires et odorants, des pétales de rose, en vers et en prose...

Et soudain le monde devient silence, traversé par le souffle, les caresses, les baisers et les soupirs des anges...

Et puis soudain, tout s'écroule

Et puis soudain, tout s'écroule...
Je regarde émerveillée la folie, le désordre de l'existence, seul l'océan reste là, immense, indifférent, parfait dans sa déraison sempiternelle...
C'est là où je reviens toujours me ressourcer, naufragée de la vie, dans les profondeurs de ces heures arrêtées, invisibles par l'immobilité du temps...
Et puis soudain tout devient vide, absorbé par une couleur outremer, chaotique comme un écrit oublié...

Tout est représenté là, plongé dans les eaux enterrées du désespoir, ce lieu exact et inexistant où même les arbres replantés sont déjà morts...

Ils ont vécu, grandi, déserté les marécages, cherchant inlassablement le sable Bleu qui reste enfermé dans les origines blanches de la Terre...

Ils ont vécu en moi, en dehors de moi, et je crois devenir une route vaine, interminable, parfaite, et je veux encore marcher avec les heures inertes, avancer dans l'ombre de l'univers, rêver..., rêver comme avant l'annonce de l'aube.

La solitude est l'absence de couleur

Dans mon jardin imaginaire je vois mon âme se faner, perdre de sa vitalité, elle qui était si rieuse, parée de couleurs vives, débordantes...

Maintenant je regarde sa couleur se blanchir, se délaver jusqu'à se mélanger aux brumes du néant ! Elle est devenue moins douce, moins sensuelle, moins sensible à ma voix.

Oui, mon âme dépérit, esseulée, elle a perdu ses rouges enflammés, ses jaune orangé...
et tout devient blanc, mélancolique, au fond de mon jardin idyllique.

Je crois que la tristesse est la maladie de l'âme.
Je crois que la solitude est l'absence de couleur.

Les vignes étaient en fleur

C'était à l'heure du crépuscule, en décembre, je crois.
Tu étais là, mon double, ma Solitude, auprès de moi dans ce clair-obscur, avec ton sourire meilleur que le vin.
Tes essences suaves emplissaient l'air du soir, nous étions devant la mer, deux images qui dorment sur la pierre pour y célébrer l'amour, avant le souffle du grand jour, et tout autour de nous les vignes étaient en fleur !
Tu as pris mon cœur éreinté, nos folies encore pleines de rosée.
Des éclats de pierres s'envolaient mais qu'importe, nous voulions fixer cette image, devant la mer ardente. Comme dans un songe irréel, nous désirions ensemble rendre la vie plus légère, avec devant nous la grande délivrance !

Brusquement, surgissant des profondeurs de la mer, une voix crie, hurle, déchirant le voile de la nuit profonde.

« Voici les fleurs de la vigne, buvez les fruits, enivrez-vous de poésie, de parfum, d'essences d'orient, enivrez-vous, je vous l'ordonne !

Enivrez-vous de divin, de beauté et d'amour ! »

Le Repos de la Vierge

Lorsque je songe à ma mère, son image me vient souvent associée à un tableau suspendu sur le mur d'un vieux musée de Provence.
Ce fut là, dans cette galerie ancestrale, que ce tableau de la Vierge vint à ma rencontre.
J'étais soudain devant une image vivante, palpable, pouvant presque sentir sa respiration… elle me semblait issue du songe du véritable Monde.

Le peintre avait représenté Marie assise sur un vieux mur écroulé, la main gauche appuyée sur une pierre effritée. Vêtue d'un blanc immaculé, la Vierge était épuisée, et pourtant si fraîche, assoupie, protégée par l'ombre d'un figuier d'où jaillissait une lumière étrange, un or vert et ocre, une couleur que je découvrais pour la première fois.

Elle regardait au loin un point fixe sur l'horizon, quelque chose en dehors du cadre, dépassant les limites du visible.
Son regard paraissait calme et pourtant une certaine lueur d'inquiétude venait se noyer dans le doré de ses yeux, sans pour autant les troubler, altérer le moindre grain de sérénité et de paix.
Que pouvait-Elle apercevoir à l'horizon, au-delà même du tableau ?

Marie semblait seule, immensément seule !
Son expression était si humaine, si désemparée, que j'avançais ma main voulant effleurer la toile, prendre un peu de Sa solitude Vivante.
Auprès d'Elle, son enfant, enveloppé dans un linge blanc, dormait paisiblement dans un panier d'osier.
Ses yeux étaient clos, tournés vers le dedans, dans une insouciance propre à l'enfance, ou peut-être déjà plongés dans un Rêve plus grand que Lui...

Face à la puissance que son image me renvoyait, je songeai que cette Vierge aux pieds nus, si parfaitement divins, pouvait entrevoir, comme dans une déchirure du Temps, un fragment de la grande Histoire à venir...
Ses yeux soulevaient certainement un coin du voile, celui qui recouvrait le Chemin à venir de son Fils ! C'était une Vierge visionnaire nous ouvrant les portes du futur !

Sous un soleil incendié, seul le figuier les abritait, avec ses feuilles vertes et frêles, ému par tant de beauté. Ses figues étaient d'un rouge presque noir, mûres, captivantes.
Je crois que plus jamais dans ma vie je n'ai vu des figues aussi belles, aussi réelles, des fruits que l'on aurait envie d'embrasser.
Elles étaient peintes par la main de l'artiste et par la main de Dieu.

Devant tant de magnificence, tant de sérénité, tant de solitude, il me semblait reconnaître ma propre solitude, celle qui m'avait touchée dans le

berceau. J'arrivais à lui donner à présent une forme plus précise, un visage...
Cette solitude qui me revient des gènes de l'Univers...

Oui, il me semblait soudain que ce *Repos de la Vierge* me renvoyait ma propre image, voulant presque me délivrer le secret de notre condition Humaine...

Passe mon destin

Passe mon destin,
afin que je ne rencontre jamais sur mon chemin d'autres exilés comme moi, je fuis avant que l'on ne me reconnaisse, enveloppée d'une épaisse mélancolie, drapée par l'orage de la terreur !

Passe mon destin,
je ne veux plus voir souffrir et ne plus emporter dans mes yeux clos, la douleur des gens d'ailleurs, mes frères, errants comme moi, dans les poussières arides, les cendres tombant des cieux.
Je veux essuyer mon âme, sans aucun désir de vengeance, j'ai eu honte de ma pudeur, seul l'oiseau bleu sur mon épaule me parle d'un monde qui serait clément, où les roses s'épanouiraient dans des jardins idylliques, semblables à un rouge baiser...

Passe mon destin,
pour nous il existe encore une voie vers la grandeur où même les colombes viendront se poser sur mon épaule pour cueillir les fruits de mon Arbre, encore plein de sève, bien qu'assoiffé.
Je traverse des peuples qui me parlent une langue étrangère, mon esprit doit s'envoler vers les hauts plateaux où je serai libre, où je pourrai voler, m'approcher des sources nourricières, où je laverai mon corps plein de sable mouvant, pour renaître dans le Bleu éternel...

Passe mon destin,
mon cœur où mon printemps a brûlé, mon trop bref printemps, je le remplirai de cette eau provenant de la source intarissable de fraîcheur, là où nous le savons déjà viendra s'ériger la coupe de la Joie errante, bleue, orange et or, qui renferme en dedans les chants émerveillés de notre pays d'antan...

Passe mon destin,
mais dis-moi, que nous est-il arrivé ?...
Reste en moi, collé à ma peau de printemps auréolé, mon Enfant...
Regarde passer notre destin...

Dis-moi, que nous est-il arrivé ?...

. . .

Une ville maritime

Le soir tombe sur l'Atlantique, épuisé par la puissance des vagues enfin apaisées, sous cette rafale de chaleur soudaine !
Porto chante, les églises s'éclairent, les rues sont remplies par le sourire des passants, les dernières mouettes s'envolent vers la nuit, pour se réveiller dès l'aube.
Je les entends, elles semblent parler à mon âme, déjà noyée dans la solitude du départ.
Elles seules peuvent la comprendre ce soir…

Je regarde encore la plage désertée par les cris de joie des enfants, le sable encore brûlant des premiers rayons d'avant l'été, ma tête s'enlise dans les turbulences du Temps…
Qui suis-je ? Où suis-je ?…

Partir et rester encore, m'enraciner davantage dans ce sable épais et chaleureux comme dans un ventre maternel !
Où puis-je me réfugier une fois encore ?...

La brise nocturne seule caresse mes joues, mes cheveux, prononce mon prénom, celui dont je croyais ne plus pouvoir me souvenir...
Il est bien là, rien a changé, tout a été figé dans ce lieu chargé d'Histoire, gravé dans la puissance du granit rose des cathédrales qui sonnent le glas de cette *semaine de la passion*, comme un hymne à cette ville maritime !

Et mon âme s'envole déjà, doucement, comme le cours voilé et pur d'une rivière ou d'un fleuve enrobé d'Or, qui vient s'enlacer à l'Océan.

Ils ne savent pas encore que demain, à l'aube, je ne parlerai plus aux vagues qui se roulent sur la plage, ni aux mouettes, elles seront déjà en deuil du poète !
Mais le retour, je le sais, se fera, dans ce lieu sacré et mystérieux, ce lieu de l'Éternel Retour !...

Rafa

Mon cœur a mal depuis que tu es parti.
Je veux quitter ce monde dévasté par l'envie,
et seul quelques personnes font que j'existe
encore aujourd'hui.

Partir,
les quitter
c'est faire souffrir
comme je souffre dans ma vie.
Mon cœur va mal,
il souffre d'un manque de toi
Rafa !

Rafa
Va !
Je guette un signe, un message,
un signal qui viennent de toi.

Je lève les yeux au ciel,
vers chaque jour qui s'allume
et rien ne vient.
Serait-il que nous sommes destinés
à ne plus nous rencontrer ?
Serait-il que ce dieu qu'on prie
n'existe que dans nos pensées ?

Rien qu'un silence quand c'est à toi
que je pense...
J'attends la fin de mon existence
sans vouloir la quitter,
pour ne pas faire souffrir les personnes
restées à mes côtés.

Attends-moi Rafa !

José Luís Machado

L'Étoile

N'es-tu pas la lumière légère et éternelle
qui vient pour alimenter mon pauvre feu ?
N'es-tu pas l'âme sœur de ma vision
si moribonde du monde ?
Tu me parles, tu inventes les couleurs
qui viennent retracer les lignes de ma main,
même épuisée, même dans la solitude
et le désespoir d'engendrer,
dans des couches de joie et de douleur !
Va ! envole-toi maintenant jusqu'à cacher
les étoiles,
car tu es « l'Étoile » !

Je t'ai créée, sans pour autant te connaître
vraiment.
Je te regarde voler sur la mer, aux couleurs
désenchantées !

Je sais que mon amour allié à ta pudeur,
parle le langage de la Révélation !
Ta Beauté intacte, ton corps même déchiré
resteront à jamais la liberté et la sagesse...
et même les fous ne pourront rien
contre Nous !

Que seul les purs
soient les maîtres de l'Univers !

va !
Prends les couleurs de mes mains, ma force, ma
rage, ma douceur, et pars loin vers l'infini qui
reste à reconquérir.

N'attendons pas le déclin total...

Oh ! mon âme, ma sœur de solitude,
va à présent rallumer le Soleil !

va !

Ma vie

Ma vie, ma vie, comment puis-je m'en souvenir étant déjà si loin de la Vie elle-même !

Je pleure en silence sur mes plaies ouvertes, sur les plis de ma peau, et mes larmes coulent encore plus salées quand je songe au temps où j'ai vécu sans pleurer !...

Qu'est-ce qui peut te consoler à présent, mon âme inachevée, au milieu de cette mer bouleversée par les tempêtes et les marées ?

L´eau a une histoire
que je ne connais pas !

La mer, la mer !
La mer et rien d'autre !
Les vagues insomniaques se nourrissent
de mes songes,
L´eau glisse entre mes doigts,
séculaire comme les mots.
L´eau a une histoire que je ne connais pas !

La mer, la mer !
Rien que la mer !
Les vagues nocturnes dévorent mes désirs,
si proches de l´écume céleste,
si insondables...

Par la fenêtre grande ouverte
j´aperçois son étendue.

Au-delà des vagues, dans l´infini parfait,
un vieux phare s´agite,
semblable à un navire qui quitte enfin son port
vers les caps lointains...

Je suis cette rivière cristalline
sculptée par le reflet des choses
avant même la naissance du monde.

Je suis le ruisseau qui coule,
pour embrasser les cascades,
et revenir plus limpide
là où l´éternité sourit...

Je suis l´eau légère et insondable,
qui vient tomber pour faire palpiter
tout simplement... la Vie

C´est le rythme de l´eau
qui nous invite au voyage.

Je sens mes rêves couler
vers des rivages bleutés
qui font danser le désert
dans un temps qui se perd
là où les rivières chantent !

Oui, c´est le rythme de l´eau
qui nous invite au voyage,
et l'on plonge dedans
comme dans un poème.

L´eau a une histoire que je ne connais pas !

Toutes les nuits je pense à toi

Toutes les nuits je pense à toi

Toutes les nuits je pense à toi, Rafa.
Je me demande
où donc es-tu ?
Comme tous ces gens qui prient le soir
qui parlent à l'au-delà.

Toutes les nuits je pense à toi
je pars dans mes pensées.
Je m'efforce de rêver de toi
mais l'encéphale est bloqué.
Je ne sais pas…
J'espère que ce n'est pas toi
qui par la force de ton esprit,
penses qu'avec le temps j'accepterai
ce lourd destin de vivre sans toi,
sur ce caillou perdu dans l'univers !

Arrête !

Arrête, j'essayerai encore et encore
jusqu'à pouvoir sentir ta présence
dans mes rêves.

Et si j'ai tort, si c'est moi qui bloque
ou qui débloque
essaye de lire ces quelques mots à travers moi...

Et une nuit viens me chercher
pour me faire découvrir le monde magique
de ta nouvelle vie...

Je t'attends !

José Luís Machado

De quel amour dois-je t'Aimer ?...

De quel amour l'as-tu aimé ?
De quel amour l'as-tu suivi ?
De quel amour l'as-tu aimé,
pour lui consacrer ta vie ?
Dis-moi, de quel amour l'as-tu aimé ?...

C'était en hiver ou en juillet,
dans le secret de tes jeunes nuits ?

...

Oh ! j'aimerais tant que mon ombre se fonde
à jamais dans l'épaisseur de ton ombre
là où le noir devient seulement source
de lumière profonde !
De quel amour m'as-tu aimé ?
Dis-moi,
de quel amour dois-je t'Aimer ?...

épuisés mes yeux regardent sans voir
la volonté d'écrire se vide
à travers le bout de mes doigts
qui s'agitent dans le néant
ma tête se débat contre des fantômes
mon front tombe sur le bureau
et finit par s'endormir
sur mes phrases
à peine écrites

Une invincible symphonie Bleue !

Et pourtant le monde ne s'est pas évanoui.

Les vents arrivent chargés de poussières violées, de tombes, de ruines, de cris désespérés, de joies provisoires, et au milieu de ce chaos le soleil continue de briller...
Les océans se retirent et reviennent, déferlant comme une furie moribonde, dérobant les murs de sable dans une frénésie sans nom, dévorant les rochers séculaires, le lieu même où mon regard se perd.

Je puis sentir les paysages lancinants, arides, et les vagues marines dans mes mains chargées d'encre et de papier, cherchant un idéal, des géants, même s'ils ne sont seulement que rêvés...

Je veux pénétrer la matière du temps, mais le temps a une histoire que je ne connais pas.
Je sais seulement que dans cette ville de granit, les vents de l'Atlantique portent les fragments de mon enfance, une enfance que je n'ai pas vraiment eue, inachevée, ou que peut-être j'ai réellement vécu, aussi douce qu'une mélodie oubliée...

Cependant les vents continuent de hurler, venus d'un monde nouveau, engendré par sa propre puissance, sa perpétuelle substance...

Et je pars, comme une musique errante, défaite par les tempêtes automnales.
Seules mes mains continuent de crier, les doigts chargés de couleurs, de mystères invisibles, comme s'ils portaient toutes les teintes, toutes les notes, tous les mots à réinventer, tous les songes, même irréels, tous les vents, tous les accords et désaccords d'une invincible, indivisible et indomptable symphonie Bleue !

Poésie des murmures

Poésie des murmures, des brouillards denses,
des silences sans clarté,
poésie qui se meurt dans l'angoisse de l'absence,
mystérieuse,
perturbée comme un ciel de nuit orangé...

Reste là, assise, en regardant les roses
se faner..., oubliée, maltraitée,
loin des choses ordinaires de ce bas monde.
La mer froide viendra te chercher un soir,
sans musique, sans lune,
toi qui restes le souffle de la Création,

Va ! laisse-toi prendre par l'écume
des vagues où les roses à la dérive
pourront glisser auprès de toi...
Tu le sais bien
la mort seule sera ta transfiguration.

Le poème a un corps

Le poème a un corps, des corps, des visages, des regards étranges...
Dociles, beaux, mélancoliques !

Le poème s'écrit avec des incertitudes, des cris, des joies provisoires ou éternelles...

Le poème c'est moi, caressant de mes mains épuisées tes lèvres, ton visage, que je ne puis plus dessiner.

Mon poème devient aussi nos regards perdus dans la nuit sans lune, un cauchemar ou peut-être un espoir en train de naître.
Mon poème est tout le sel du dedans, mêlé aux couleurs perdues dans les toiles du temps.

Il n'existe pas pour être écrit, il s'imagine simplement grain de sable au beau milieu des océans.

Il devient parfois ton visage multiplié à l'infini, parfumé, qui porte en lui tous les désirs du monde, toutes les libertés étranglées, toutes les nostalgies en devenir.

Et moi je veux simplement caresser de mes mains délavées et déjà presque mortes, les contours de nos visages éclatants vers la vie, là où peuvent se récréer et se réfléchir à l'infini toutes les correspondances,
toutes les lumières, de l'aurore au crépuscule,
toutes les notes musicales,
toutes les vagues insomniaques de l'horizon...

Elle file, pressée...

Tu l'aperçois là-bas
de l'autre côté de la rue ?
Elle file, pressée, comme si de rien n'était,
comme si tout l'or du monde l'attendait...

Elle t'appelle.
Tu la reconnais ?
Avec ses cheveux en bataille,
ses flèches qui la blessent tant,
couvrant ses larmes
avec ton âme cachée dedans.

Tu lui parles maintenant ?

Fragile, avec sa misère
ses chemins où les rêves peuvent surgir,
peut-être demain...

Il y a une seconde elle n'y était pas.
Dans une seconde elle n'y sera plus...

Rien ne ressemble au scénario prévu.
Des rires, de la musique à flots,
de l'amour, dans l'espérance qui fait mal,
comme si la ville était belle, aussi belle qu'elle.

Mais voilà, il y a toujours ce silence oppressant
et cette tristesse sans mots,
cette usure si précoce en elle.
Elle, une femme, une enfant
quand elle traverse les zones d'ombre
avec ton âme enfermée dedans.

Des hommes la croisent,
la regardent, la désirent
insistent.
Le vent la pousse,
elle s'accroche au néant.
Tenir ! tenir encore !

Ils la veulent, elle!
Cette femme qui marche parmi la foule
en délire, avec ses doutes,
sa solitude plus vaste que l'enfance…

Elle ralentit un moment,
regarde les vitrines de l'illusion, ne voit rien.
La vie est transparente,
le monde opaque dedans…

Dans quelques instants elle va rentrer.
Elle se roulera en boule
et le réel soudain disparaîtra
dans les brèches du ciel trop bas,
dans l'espace éclaté de sa tête
sur l'asphalte brisé du monde.

Tu la vois là-bas
de l'autre côté de la rue ?

Avec ses gestes en bataille, divine encore,
pleurant.
Le cœur en deuil et ton âme cachée dedans ?

... et l'amour a tout emporté !

Dans le tremblement de la nuit, je tends mes pages vers l'infini, l'encre encore vierge de toute chose.
Je tends l'oreille aussi et là, comme dans un songe, je crois entendre au lointain les sons des harpes et des lyres qui s'extasient dans le palais du ravissement.
Et soudain, comme déchirant le temps, je vois auprès de moi un piano aérien qui joue un air connu et ancien...
Et de nouveau la terre s'est repeuplée, tu es revenu dans un pull, celui d'avant, blanc lilas, la couleur de là-bas.
Je te reconnais, je t'ai appelé !
Mon cœur est vibrant, la grâce s'est répandue sur ton visage d'homme-enfant.

Tu es lumière, tu es vérité, tes vagues et tes flots submergent ma raison et le son de ma musique ancienne caresse ton sourire et la nuit étoilée célèbre la Vie !

Tu m'es revenu en ce mars azuré et le souffle de ta bouche chante un cantique nouveau, où le cœur n'a pas d'âge, sous les notes d'un vieux piano.

Sois pour moi de nouveau le Rocher d'asile, joue-moi de la musique, sauve-moi de la folie et des transes en émoi, sois pour moi un abri !
Je t'apprendrai le chemin du royaume comme avant, dans les dessins du temps !

Tu as entendu ma voix et tu es revenu, entouré des musiques qui peuplent les déserts et toute la furie de notre Atlantique !

Tu avances vers moi, tu nous prends par la main.
Un Roc Divin m'a soudain soulevé et ensemble nous avons avancé vers ton mars azuré !

Regarde !
La nuit est terminée, l'aube annonce le jour, le soleil revient pour fêter nos délices et répandre sur nos vies ses rayons d'abondance, son parfum de lys blanc et les roses du calice de notre fidélité !

… Oui l'Amour a tout emporté !

La folie de la vie

À présent un dieu danse en moi
Il m'a fait comprendre la folie de la vie.
Mon esprit a soif d'étoiles…
Je veux être dans un monde
qui n'existe pas encore.
Je refuse de respirer l'air saturé de ce lieu
où les gens ne savent même pas
qu'ils ne sont que des ombres desséchées,
et qu'ils s'agitent en ricanant,
au milieu d'une multitude de désespérés.

Et nous irons danser sur un air de Chopin

Jaillis ! Monte en moi, pensée de l'abîme !
Donne-moi la main, retrouvons ce cercle
où tout meurt, tout se brise,
tout se recompose,
tout refleurit dans le bonheur inné
d'une nouvelle vague de liberté
et nous irons danser sur un air de Chopin
bien plus près du ciel, enivrés d'amour.

Pensée de l'abîme,
jaillis du plus profond de moi !
Soulevons ensemble ces tristes paysages,
érigeons des temples de désirs et de songes
comme avant de naître,
et avec les anges, fécondons les roses
entourés d'azur,
dans un impossible émerveillement.

Nous accomplirons enfin la danse tant espérée
de notre Destin...

Viens ma pensée de l'abîme,
ne lâche pas ma main !

Le vent, la nuit et puis la haute mer...

Devant cette page, il y a le silence de la nuit
et la peur...
Le sommeil pèse sur moi, je crois me réveiller
et puis m'endormir encore, je suis projetée
dans cet espace de l'entre-deux-vies qui me
remplit de vertiges et d'hallucinations.

Je ne sais rien de moi...
Une apparence de souvenir de ma vie future me fait
frissonner, et dans le brouillard d'une intuition,
je me sens déjà matière morte.

Et dehors le vent seul, plongé dans l'obscurité,
vient frapper encore et encore
les vagues marines.

Le vent seul qui vient comme un paysage sonore
inonder la totalité de ma nuit !
Le vent, la nuit, et ce monde maritime,
singulier et oppressant
celui de la haute mer...

Un bleu qui projette les mots vers l'infini

Aujourd'hui, sans que j'en connaisse la raison, je me suis levée drapée de couleurs.
J'aime les couleurs, les lumières d'argent, les pigments, les nuances…
Aujourd'hui, je suis entièrement bleue, puis verte, grise et violette, jusqu'à m'évanouir en demi-teinte, glissant dans la neutralité du blanc ou dans l'absence absolue du noir…
Là, à la recherche de mots colorés et singuliers, j'atteins les tonalités dantesques du rouge incendié, puis du rose simple et du bleu profond, outremer…

Quand est-ce que tout cela a commencé ?
Où me suis-je égarée pour ne pas avoir su trouver la correspondance entre les mots, les notes et les nuances colorées ?

Je voudrais trouver la formule juste, celle qui conduit de la terre de Sienne calcinée, parsemée de rêves labyrinthiques, de jaunes byzantins, jusqu'au bleu composé d'ombre et de lumière, pur comme l'air d'une aube crépusculaire, un bleu qui projette les mots vers l'infini et fait jaillir la pureté, dans une soif intense de vérité !

« *La poésie ne dit rien de singulier*
La poésie ne dit rien d'extraordinaire

La poésie ne dit rien

Elle dit tout le reste
ce que nous ignorons de nous-mêmes
et du monde

»

Biographie

Née au nord du Portugal, dans la région du Tras-Os-Montes, qui servit de cadre à son premier roman, Alice Machado vit en France depuis plusieurs années.

Elle a poursuivi ses études à l'Université de Paris VIII, où elle a obtenu une double maîtrise, l'une en Art et Civilisation latino-américaines, et l'autre en Lettres Modernes avec pour thème de recherche : « Les Figures féminines dans l'œuvre de Gérard de Nerval ». Elle y a également suivi des études de philosophie, notamment avec Gilles Deleuze.

Fille des deux pays, comme elle se définit elle-même, Alice Machado écrit directement en français, mais elle prend une part active dans la traduction de ses ouvrages en portugais.

En tant qu'écrivain, elle a représenté la diaspora portugaise d'Europe, lors d'un événement culturel majeur, « Les Ponts Lusophones », présidé par le ministère des Affaires Étrangères portugais, qui s'est tenu au Mozambique, dans la capitale Maputo, avec la présence de José Saramago, Prix Nobel de Littérature.

Elle a fait également partie de la délégation des écrivains portugais, invités d'honneur de la vingtième édition du Salon du livre de Paris et participe, tout au long de l'année, à de nombreux salons, notamment en Europe, à Genève, Berlin, Bruxelles, ou en France, à Bordeaux, Toulon, Dijon, Metz, Montaigü, Lyon, Montpellier, Marseille, Rennes, Saint-Étienne, Aix en Provence, Nantes, mais aussi à l'étranger, au Brésil, dans les villes de Permanbuco, Olinda, Saõ Paulo, en Angola, au Cap Vert...

Elle est la première femme à avoir reçu la médaille d'honneur du Parlement portugais en reconnaissance de son travail de création littéraire, et l'un de ses poèmes « *Les géants ne meurent pas* » figure dans l'Anthologie Parlementaire de poésies françaises, publiée par l'Assemblée Nationale.

L'auteur est invitée régulièrement à des rencontres poétiques, organisées notamment par l'*Institut Suédois*, l'*Institut Néerlandais*, la *Maison de l'Amérique Latine*, l'*Institut Roumain*, l'*Institut Goethe*, la *Mairie de Paris* pour des événements poétiques et littéraires ou la *Fondation Calouste Gulbenkian*.

C'est ainsi qu'elle s'est retrouvée conviée aux « Estivales de Poésies », et au Festival par « Monts et par Mots », organisés par la *Villa Mont-Noir*, Maison de Marguerite Yourcenar et le Conseil Général du Nord, avec entre autres François Cheng et Jacques Darras.

Elle a fait partie de la délégation officielle qui représentait le Portugal, à l'invitation de la ville de Bruges, capitale européenne de la culture en 2003, dans le cadre du *Festival International de poésie et de littérature*.

En 2004, à Lille, Capitale européenne de la culture, elle était également dans la délégation officielle invitée par la ville pour le *Festival International de poésie.*

En 2005, à Paris, elle a participé à un Colloque organisé par le Sénat : « *Le printemps de la diversité en France, premiers états généraux de la diversité* », placé sous le Haut patronage du Ministère de la Culture et de la Communication.

Aujourd'hui, avec le soutien du Ministère de l'Éducation, elle est contacté régulièrement pour des lectures à la Sorbonne et à la Bibliothèque Nationale de France (BNF).

En mars 2018, au Portugal, elle a été invitée à un colloque sur le thème de *la culture comme lien social et de découverte de l'autre*, qui l'a conduit dans différents pays lusophones pour des rencontres et des échanges multiculturels.

En novembre 2018, à Strasbourg, à l'invitation du Conseil de l'Europe, elle a participé au *Forum mondial de la démocratie,* comme représentante du Portugal.

Table des matières

Dans les yeux de mon père 9
Le soupir des anges 11
Et puis soudain, tout s'écroule 13
La solitude est l'absence de couleur 15
Les vignes étaient en fleur 17
Le Repos de la Vierge .19
Passe mon destin 23
Une ville maritime 27
Rafa 29
L'Étoile 31
Ma vie 33
L´eau a une histoire que je ne connais pas ! . . .35
Toutes les nuits je pense à toi 39
De quel amour dois-je t'Aimer ?. 41
Une invincible symphonie Bleue ! 45
Poésie des murmures .47

Le poème a un corps 49
Elle file, pressée... 51
Et l'amour a tout emporté ! 55
La folie de la vie 59
Et nous irons danser sur un air de Chopin . . .61
Le vent, la nuit et puis la haute mer... 63
Un bleu qui projette les mots vers l'infini . . .65
Biographie 69

DU MÊME AUTEUR

▸ Éditions Lanore

— **Romans**

La couleur de l'absence, Paris.
La vallée des héros, 2e édition, Paris, 2006.
Médaille d'Honneur du Parlement Portugais.
- Ces deux romans ont été publiés en portugais chez Europa-América.
Les silences de Porto Santo, Paris, (Élu par le magazine ELLE).

— **Poésies**

Éclats, 3e édition, Paris, 2000/2002/2009.
L'agitation des rêves, 2e édition, Paris, 2002/2011.
- Ces recueils de poésie ont été publiés en portugais chez Campo Das Letras.
- 2e édition chez Calendario de letras, Porto.
Les songes de Rafael, Paris, 2012.
- Traduit en italien par les Éditions Polymata, Rome, 2012.
- Traduit en portugais par les Éditions Omega, 2014.
Un héros vivant sous le regard des Dieux, Paris, 2017.

Regards voilés/Sguardi velati, collection « Les poètes intuitistes/I poeti intuitisti », Edizioni Universitarie Romane, Rome, 2019. (Édition bilingue)

— Essais

Figures féminines dans le Voyage en Orient de Gérard de Nerval, Paris, 2007.
Charles Baudelaire, entre Aube et Crépuscule, Paris, 2011.

Introduction à la nouvelle édition de *La Relique*, d'Eça de Queiroz, Paris.

— Anthologies

▸ Éditions Hermann Lettres

Anthologie de la poésie érotique française,
du moyen âge à nos jours, 2010.

▸ Alain Baudry et Cie, Paris, 2014.

Les trains rêvent au fond des gares.

▸ Éditions Unicité

Éloge et défense de la langue française, Paris, 2016.

▸ Portugal Mag, Lisboa, 2018/2019.

Anthologie de la poésie lusophone.

— **Jeunesse**

▸ Didier Jeunesse, ouvrage collectif
Traduction et interprétation des *Comptines et chansons du Papagaio*, Paris, 2003.

Assemblée Nationale

Anthologie Parlementaire de Poésies, Assemblée Nationale, Paris, 1999.

Lille

Lille, Capital européenne de la Culture, *Anthologie de poésies*, 2004.

Les Ponts Lusophones

Anthologie : les Ponts Lusophones, Maputo, Mozambique, 2000.

Suisse

Anthologie du salon de livre de Genève, 2000.
(Le Portugal invité d'honneur.)

Belgique

Bruges, Capitale européenne de la Culture, *Anthologie de poésies*, 2002.
Poètes d'Orfée, florilège de poésie, Bruxelles, 2011.

et l'amour a
                tout emporté